Auf heißer Spur mit Kugelblitz

Ursel Scheffler

Illustriert von Johann Brandstetter
und Hannes Gerber

Hase und Igel®

Kugelblitz bei allen Fragen
HaUS! DANN
EinE Million IN
Scheinen!
bedingunGe
WO IST DER WEG?
MAX
ATZE

wird in keinem Fall verzagen!
1
2
3
4
Phantombild-Fahndung
KUGEL
ORNAT
ZUNFT
AGENT
BLITZ
SPION
H+2,1,3,4,5
FLIEGT UND MACHT VIEL WIND
ä=a

Hallo, liebe Detektive,

hier spricht Kugelblitz, Isidor Kugelblitz. Willkommen im Club der Detektive! Elf spannende Fälle warten auf euch. Da ist Gehirnpower gefragt.

Also: Adleraugen auf, Spürnasen hoch und – aufgepasst! Achtet genau auf alle Einzelheiten. Die Aussagen der Verdächtigen enthalten oft verräterische Widersprüche. So fangt ihr die Täter!

Darf ich euch noch kurz mit meinen tüchtigen Assistenten bekannt machen?

Das sind (von links) Peter Zwiebel, Sonja Sandmann und Fritz Pommes:

Ich bin der Kleinste im Team.

Bei der Lösung der Fälle hilft mir auch manchmal mein Neffe Martin – und natürlich pfiffige Detektive wie ihr!
Viel Spaß beim Lesen und Lösen!

Euer Isidor Kugelblitz

Inhalt

1. Fall: Die Spieluhr

Kriminalfälle kommen nicht nur im Kino, im Fernsehen oder in der Zeitung vor. Manchmal muss ein Detektiv auch im Klassenzimmer ermitteln. Wie zum Beispiel Martin, der Lieblingsneffe von Kommissar Kugelblitz …

Martin hat eine tolle Armbanduhr zum Geburtstag bekommen. Nicht nur als Stoppuhr und als Kalender ist sie zu benutzen, sondern auch als Wecker.

Sie weckt nicht mit einem hässlichen Schnarren oder Rasseln, sondern mit einer Melodie.

„Fast noch schöner als meine Uhr“, sagt Martins Freund Rainer, als sie in der großen Pause die Armgelenke nebeneinanderhalten und die Uhren vergleichen. Es klingt ein bisschen neidisch.

Aber zwei Stunden später ist Rainers Uhr verschwunden.

„Wer hat meine Uhr geklaut?“, ruft Rainer empört am Ende der Turnstunde. „Ich hab sie dort auf die Fensterbank gelegt, wo alle Uhren liegen, – und jetzt ist sie weg!“ Tränen schießen ihm in die Augen.

„Es muss einer aus der Klasse gewesen sein!“, sagt Olaf finster.

„Oder einer aus der Fünften. Die waren nämlich vorhin da und haben die Fußbälle aus der Kiste neben dem Fenster geholt“, bemerkt Roland. Aber was nützt der Verdacht? Die Uhr ist und bleibt spurlos verschwunden.

„Es ist schon die dritte Uhr, die im Turnunterricht weggekommen ist“, berichtet Martin seinem Onkel, dem berühmten Kommissar Isidor Kugelblitz, als der ihn am darauffolgenden Wochenende besucht. „Ich mag meine Uhr schon gar nicht mehr mit in die Schule nehmen. Denn beim Turnen müssen wir sie immer ausziehen, damit nichts passiert. Und dann passiert's!“

„Einen Augenblick“, sagt Kugelblitz nachdenklich. „Ich glaube, ich habe eine Idee, wie du deine Uhr ganz unbesorgt im Turnunterricht ablegen kannst. Und du kannst sie sogar dazu verwenden, den Dieb zu fangen, falls er sich an ihr vergreift."

In der übernächsten Turnstunde ist es so weit: Martins Uhr fehlt am Ende der Stunde. Martin geht zum Turnlehrer und sagt seelenruhig: „Wenn Sie jetzt bitte fünf Minuten lang niemanden aus der

Turnhalle lassen, dann weiß ich, wer meine Uhr gestohlen hat!“

Martin behält recht!

Fünf Minuten später zieht Roland mit knallrotem Kopf die geklaute Uhr aus seiner Trainingshosentasche!

Und jetzt die Frage an alle Detektive, die nicht erst mit einer Melodie aufgeweckt werden müssen:

Welchen tollen Tipp hatte Kugelblitz für Martin?

2. Fall: Der Fall Sandmann

Polizeiobermeister Pommes und Kriminalhauptmeister Zwiebel waren die ersten Assistenten von Kommissar Kugelblitz. Hier erfährst du, wie es war, als Sonja Sandmann zum ersten Mal ins Kommissariat kam. Zuerst hat es die „Neue" gar nicht so leicht. Aber dann löst sie kugelblitzschnell ihren ersten Fall …

„Sie ist da!", ruft Polizeiobermeister (POM) Pommes seinem Kollegen durch den Türspalt zu.

„Die Post?", erkundigt sich Kriminalhauptmeister Zwiebel, der zwischen

Aktenbergen am Schreibtisch sitzt und Protokolle durchliest.

„Neee, die Neue!“, antwortet Pommes und kommt ins Zimmer.

„Na und?“, fragt Zwiebel gespannt. „Wie sieht sie aus?“

„Hübsch.“

„Auch das noch!“, murmelt Zwiebel.

Pommes und Zwiebel sind keineswegs begeistert über die „Neue“.

„Wenn du die rechte Hand von Kugelblitz bist und ich die linke, was soll dann sie sein?“, fragt Pommes. Es klingt ein wenig eifersüchtig. Zwiebel zuckt mit den Schultern.

Jetzt erklingen die gewichtigen Schritte von Kugelblitz auf dem Flur. Daneben ein paar kürzere Trappelschritte.

„Achtung, Feind im Anmarsch!“, faucht Pommes und verschanzt sich hinter seinem Schreibtisch in der anderen Ecke des Büros.

Gut gelaunt betritt Kugelblitz das Zimmer.

„Na, was ist denn hier los? Dicke Luft?“, erkundigt er sich mit einem Blick auf seine missmutigen Assistenten.

„Nööö, bloß viel Arbeit, Chef!“, antwortet Zwiebel verlegen und steckt die Nase in die Akten.

„Nun, dann habe ich ja eine gute Nachricht. Ich habe Ihnen Ihre neue Kollegin Sonja Sandmann mitgebracht. Die wird Sie nach Kräften unterstützen!“

Mit gemäßigter Begeisterung begrüßen die beiden die neue Kollegin.

„Wenn Sie so nett wären, Ihre Akten dort vom Schreibtisch zu nehmen, dann kann sie gleich anfangen. Ich stelle Frau Sandmann inzwischen den anderen Kollegen im Revier vor. Bis gleich."

Und schon ist Kugelblitz mit der „Neuen" wieder verschwunden.

Pommes und Zwiebel werfen sich Blicke zu, die Bände sprechen. Dann stehen sie auf und räumen den dritten Schreibtisch frei, der in der Ecke am Fenster steht.

Kurz darauf kommt Kugelblitz allein zurück. Er ist klug genug zu wissen, worauf die schlechte Stimmung seiner beiden tüchtigen Mitarbeiter zurückzuführen ist. „Ich hoffe, Sie sind nett zu Frau Sandmann“, sagt er. „Mein Kollege Bolle aus Berlin, bei dem sie bisher gearbeitet hat, hat sie sehr gelobt.“

„Nun, zu tun gibt’s ja genug“, knurrt Zwiebel.

Das Telefon klingelt. Man erwartet Kugelblitz zu einer wichtigen Besprechung im Präsidium.

Da kommt auch schon Sonja Sandmann zurück. Sie trägt einen dicken Ordner und ein Buch mit Europagesetzen unter dem Arm.

„Sind Sie Spezialistin für Europasachen?“, erkundigt sich Pommes.

„Ein bisschen“, antwortet Sonja und setzt sich an ihren Schreibtisch.

„Wenn Sie auch noch guten Kaffee kochen können, dann werden wir es schon mit Ihnen aushalten!“, brummt Zwiebel. „Ich könnte einen kräftigen Schluck vertragen.“

„Eines möchte ich gleich klarstellen“, sagt Sonja und lächelt. „Ich bin Ihre Kollegin und nicht Ihre Sekretärin. Wenn Kaffee gekocht wird, dann bitte abwechselnd. Bin ich heute schon an der Reihe?“

„Ich koche“, murmelt Zwiebel verlegen und geht zur Kaffeemaschine.

Wieder klingelt das Telefon. Zwiebel nimmt ab und meldet: „Pommes und Sandmann zum Einsatz. Befehl vom Chef. Überfall auf das Tabakgeschäft Krüll in der Habichtstraße …“

„Das geht ja gleich richtig los!“, sagt Sonja, als sie neben Pommes zum Einsatzwagen spurtet. „Wer fährt?“

„Ich fahre auf dem Hinweg und Sie auf dem Rückweg. Einverstanden?“, sagt Pommes und klemmt sich als Erster hinter das Steuer.

Sonja lächelt und nickt. Pommes hat seine Lektion gelernt: Polizistinnen können mehr als Kaffee kochen! Zum Beispiel Auto fahren. So braucht sie ihm nicht unter die Nase zu reiben, dass sie bei dem berühmten Rennfahrer Tütü an einem Crash- und Schleuderkurs teilgenommen hat, ehe sie zur Polizei ging.

Pommes schaltet das Blaulicht ein. Sie brausen los.

Vor dem Tabakgeschäft Krüll steht eine aufgebrachte Menschenmenge. Auf dem Boden liegt ein toter Schäferhund.

„Das könnte ich sein!“, ruft Tabakhändler Krüll aufgeregt. „Wenn sich mein treuer Hasso nicht dazwischengeworfen hätte, um mich zu verteidigen!“

Sonja und Pommes sichern den Tatort, vernehmen die Zeugen und setzen das Protokoll auf.

„Sie haben den Räuber also schon vorher gesehen, Herr Krüll?“, vergewissert sich Sonja Sandmann wenig später.

„Ja! Und zwar gestern! Es war gleich nachdem der Fensterputzer da war“, antwortet Krüll.

„Er stand am Seitenfenster und drückte sich die Nase an der Scheibe platt“, sagt Frau Krüll. Dann ruft sie mit ausgestrecktem Zeigefinger: „Sehen Sie, dort, wo die goldenen Feuerzeuge ausgestellt sind. Das Ferkel. Man sieht noch den Fleck an der Scheibe!“

„Wie sah er denn aus? Würden Sie ihn auf einem Foto wiedererkennen?“, erkundigt sich Pommes.

„Auf jeden Fall. Er war ungefähr so groß wie mein Mann, nur schlanker.

Er hatte dunkle, etwas längere Haare, ein schmales Gesicht und ein Muttermal am Kinn“, erinnert sich Frau Krüll.

„Er trug eine dunkelbraune Lederjacke, eine Baseballmütze und Handschuhe, die oben an den Knöcheln Löcher hatten", ergänzt ihr Mann.

„Es waren Rennfahrerhandschuhe", setzt Frau Krüll völlig aufgelöst hinzu. „Ja, das fiel mir auch auf. Die trug er sicher, weil er keine Fingerabdrücke hinterlassen wollte. Das ist doch klar!"

„Hellbraunes Leder. Hab ich genau gesehen. Er hielt sie mir ja heute mit dem Revolver direkt unter die Nase", bestätigt ihr Mann.

Trug bei der Tat Handschuhe, notiert Pommes im Protokoll und murmelt: „Also brauchen wir gar nicht erst nach Fingerabdrücken zu suchen."

„Das war ein Profi! So einer hinterlässt keine Spuren!", ruft Frau Krüll, die in ihrer Freizeit gern Krimis liest, aufgeregt. Dann seufzt sie: „Ein Glück, dass er uns nicht umgelegt hat!“

„Warum hat er bloß plötzlich geschossen?“, wundert sich Sonja.

„Daran ist wahrscheinlich meine Frau schuld“, seufzt der Tabakhändler. „Als er die goldenen Feuerzeuge und die teuren Pfeifen in einen Sack stopfen wollte, beschimpfte sie ihn und bewarf ihn in ihrer Wut mit Illustrierten.“

„Ja! Um den unverschämten Kerl zu verjagen!“, bestätigt Frau Krüll empört. „Er hatte gerade den Revolver in die

Tasche gesteckt, weil er beide Hände brauchte, und da dachte ich, der Augenblick ist günstig …"

„Ich wollte ihn am Kragen packen", knurrt Krüll erregt. „Aber er war schneller. Und dann erwischte es unseren Hasso. Den Rest wissen Sie ja."

Der genauen Täterbeschreibung der Krülls ist es zu verdanken, dass in der Fotokartei der Polizei ein Bild des Verdächtigen gefunden wird.

Er heißt Andy Dreher und ist schon zweimal wegen bewaffneten Raubüberfalls vorbestraft.

Dreher streitet natürlich alles ab. Auch als Sonja Sandmann und Fritz Pommes bei einer Hausdurchsuchung eine dunkelbraune Lederjacke und Rennfahrerhandschuhe bei ihm finden.

„Was beweist das? Solche Handschuhe haben tausend andere Leute auch“, behauptet Dreher frech. „Außerdem war ich nicht in diesem Tabakladen. Ich bin schließlich Nichtraucher!“

Bei der Wohnungsdurchsuchung findet sich von der Beute keine Spur.

„Ich bin sicher, dass er es war“, sagt Sonja Sandmann.

„Aber wie können wir das beweisen?“, grübelt Pommes.

Da hat Sonja Sandmann eine Idee. Sie fährt noch mal zum Tabakgeschäft und sichert eine Spur auf Tesafilm. Damit geht sie zu Kommissar Kugelblitz und erklärt ihm, wie sie beweisen kann, dass Dreher das Ding gedreht hat.

Kugelblitz ist begeistert. „Ungewöhnlich. Äußerst ungewöhnlich!“, sagt er und schmunzelt. „Das ist tatsächlich eine ausgezeichnete Möglichkeit, den Mann eindeutig zu überführen!“ Und dann gratuliert er seiner Mitarbeiterin zu ihrem ersten erfolgreich gelösten Fall.

Frage an alle Superspürnasen, die diesen Fall glasklar durchschaut haben:

Welches Beweismittel sichert Sonja bei Krülls im Tabakladen?

3. Fall: Ein wichtiger Augenzeuge

Erst fängt alles ganz harmlos an. Aber dann gerät Martin, der Neffe von Kommissar Kugelblitz, überraschend mitten in einen Kriminalfall.

Martin trägt freitags nach der Schule das Wochenblatt aus. Heute ist er früher fertig als sonst und beschließt, bei seinem Onkel Isidor im Kommissariat 13 vorbeizuschauen. Aber der hat leider alle Hände voll zu tun.

„Kannst du mir einen Gefallen tun, Martin?“, fragt Kugelblitz.

„Logo, Onkel Isidor“, sagt Martin. „Wo brennt’s denn?“

„Es ist so heiß! Könntest du für mich einen Eisbecher beim Italiener essen?“

„Gern“, lacht Martin. „Du machst wohl wieder Diät?“

„Erraten!“, schmunzelt Kugelblitz und kramt nach seiner Geldbörse.

Auf dem Weg zum Italiener wird Martin von einem Streifenwagen der Polizei überholt. „Mann, da sitzt ja Pommes drin!“, freut sich Martin und winkt. Aber Pommes bemerkt ihn gar nicht, denn in diesem Augenblick erhält er einen Notruf und schaltet das Blaulicht ein.

„Wenn ich groß bin, werd ich auch Kriminaler. Oder Fußballer“, überlegt

Martin. Dann tritt er in die Pedale. Zufällig muss er in die gleiche Richtung wie der Polizeiwagen.

Um zur Fußgängerzone zu gelangen, wo die Eisdiele ist, benutzt er die Abkürzung durch eine Ladenpassage. Er stellt sein Rad in einen Fahrradständer.

Zwei Männer kommen ihm entgegengelaufen. Jeder trägt einen schwarzen Pilotenkoffer. Sie rennen ihn fast um.

„Boah! Die haben's aber eilig!", murmelt Martin und schließt sein Rad ab.

Die beiden Männer eilen auf einen roten Lieferwagen zu, der mit laufendem Motor zwischen zwei Geschäftshäusern parkt, und springen hinein. Ein Mann mit Schnauzbart und Wollmütze sitzt am Steuer. Er gibt Gas und düst ab.

„Sieht nach Flucht aus!“, denkt Martin. „Ob die etwas ausgefressen haben?“

Er will sich vorsorglich die Autonummer merken. Aber das Kennzeichen ist so verschmutzt, dass er die Nummer nur teilweise erkennen kann.

Jetzt kommt Pommes durch die Laden-passage gerannt.

„Hast du zwei Männer mit schwarzen Taschen gesehen?“, ruft er Martin zu und bleibt einen Augenblick stehen. „Es sind Bankräuber!“

„Sie sind mit einem roten Lieferwagen in Richtung Autobahn gefahren!“, ruft Martin schnell.

„Kannst du uns den Lieferwagen be-schreiben?“, fragt Pommes.

„Ich denke schon“, antwortet Martin. Aber das ist gar nicht so einfach.

Später, auf dem Polizeirevier, zeigt ihm Kugelblitz die Abbildungen von verschiedenen Lieferwagen auf dem Computerbildschirm.

„Ich glaube, so einer war es!“, überlegt Martin. „Und die Autonummer begann mit M-UH, das war leicht zu merken. Aber die Zahlen konnte ich nicht erkennen.“

Martins guter Beschreibung des Fluchtfahrzeugs und der Täter ist es zu verdanken, dass die Bankräuber an einer Autobahnraststätte kurz vor der dänischen Grenze gefasst werden.

Der Mann mit dem Schnauzbart, der den Wagen nach dem Überfall gefahren hat, ist allerdings verschwunden.

Martin entdeckt ihn jedoch wenig später in der Innenstadt, ganz in der Nähe des Kommissariats. Er heißt Hugo Schnauz und bestreitet energisch, dass er mit dem Fall etwas zu tun hat.

„Ein Zeuge hat Sie in einem roten Lieferwagen gesehen, der in einen Banküberfall verwickelt war", sagt Kugelblitz ernst.

„Dann muss sich der Zeuge irren", sagt Schnauz. „Ich kann nämlich gar nicht Auto fahren. Ich hab nicht einmal einen Führerschein."

„Dann werden wir Sie einmal Ihren Komplizen gegenüberstellen", sagt

Kugelblitz. „Die werden Sie sicher identifizieren können."

„Das können Sie sich sparen. Ich kenne die beiden nicht", sagt Schnauz. Er ist sicher, dass ihn seine beiden Kumpel nicht verraten werden. Schließlich ist er es, der das Geld in Sicherheit gebracht und im Wald versteckt hat.

„Eine Gegenüberstellung ist vielleicht auch gar nicht mehr nötig, Herr Schnauz!", sagt Kugelblitz. „Sie haben sich durch zwei Aussagen selbst belastet."

Und dann nimmt er ihn unter dringendem Tatverdacht fest.

Frage an alle Detektive, die sich von einem Schwindler nicht austricksen lassen:

Durch welche beiden Aussagen verriet sich Hugo Schnauz?

4. Fall: Der Fall Koralle

In diesem Fall geht es um einen Verräter in den eigenen Reihen: Irgendjemand verrät die Polizeieinsätze an Rauschgifthändler. Kugelblitz und seine Assistenten sind ratlos: Wo ist die undichte Stelle?

„Wir kamen wieder zu spät, Chef! Der Vogel war bereits ausgeflogen!“, schimpft Polizeiobermeister Pommes und pfeffert sein Funkgerät ärgerlich auf den Schreibtisch im Kommissariat.

„Es war das dritte Mal in dieser Woche!“, klagt Sonja Sandmann. „Das geht doch nicht mit rechten Dingen zu.“

„Vielleicht hört einer den Polizeifunk ab?“, vermutet die Sekretärin Ella Rok.

„Kann nicht sein“, antwortet Pommes. „Diesmal ging nichts über Funk raus.“

„Dann müssen wir vorsichtig sein“, sagt Kugelblitz nachdenklich. „Irgendwo bei uns im Haus muss es eine undichte Stelle geben.“

„Ein Verräter in den eigenen Reihen? Das ist doch nicht Ihr Ernst, Chef!“, ruft Ella Rok. Die rothaarige junge Frau arbeitet seit einem halben Jahr in der Abteilung und ist bei allen beliebt. Außer bei Sonja Sandmann, die in ihr so etwas wie eine Rivalin sieht, obwohl sie ja ganz andere Aufgaben hat.

„Wir müssen ab sofort bei unseren Sondereinsätzen noch vorsichtiger sein als sonst!", überlegt Kugelblitz. „Erster Versuch gleich heute Abend: Wir machen eine Drogenrazzia in der Disko *Aladin*. Davon wisst nur ihr vier und ich. Selbst den Einsatzbeamten erzählen wir erst in allerletzter Minute, wohin die Reise geht."

Dieser Plan hat Erfolg: Fünf Drogenhändler werden in der Diskothek *Aladin* festgenommen. Dem Diskobesitzer kann man allerdings nicht nachweisen, dass er in die Sache verwickelt ist.

„Ich kann schließlich meine Gäste nicht alle durchsuchen, ehe sie das Lokal betreten", protestiert er. „Das ist der Job der Polizei. Ist ja gut, wenn sie diese Drogenhändler fasst … Solange sie dabei meinen Laden nicht in Verruf bringt."

Am nächsten Morgen beim Verhör stellt sich heraus, dass unter den fünf Verhafteten zwei „dicke Fische" sind, die auf der Fahndungsliste der Polizei stehen. Sie werden schon lange wegen Drogenhandels gesucht.

„Endlich wieder ein Erfolg", freut sich Pommes, als er am Nachmittag im Büro Wasser in die Kaffeemaschine füllt. „Ich dachte schon, wir haben Tomaten auf den Augen und Bohnen in den Ohren."

„Und was noch wichtiger ist: Wenigstens ist das Leck nicht in unserer Abteilung", seufzt Ella Rok erleichtert, die gerade dazukommt. Sie hat Kuchen für alle mitgebracht, weil sie heute Geburtstag hat. Beim Geburtstagskaffee sprechen sie über ein Thema, das alle bewegt: das Unglück, das durch Drogen über die Süchtigen hereinbricht.

„Erst Juli, und schon mehr Drogentote in unserer Stadt als im vergangenen Jahr! Wo soll das noch enden?“, bemerkt Zwiebel. „Man kann die Kinder ja nicht einmal mehr auf die Spielplätze lassen, weil die Spritzen überall herumliegen.“ Er hat Zwillinge im Spielplatzalter und weiß, wovon er redet.

Kugelblitz steckt seinen Kopf zur Tür herein: „Herzlichen Glückwunsch, Röckchen“, gratuliert er schnell seiner Sekretärin.

„Möchten Sie auch ein Stück Geburtstagskuchen?“, fragt Ella Rok.

„Nein danke. Muss dringend noch ins Präsidium zu einer Krisensitzung.“

„Ist es wegen der Drogengeschichte?“, erkundigt sich Pommes.

„Geheim, geheim. Ihr wisst doch …“ Kugelblitz zwinkert mit den Augen. „Vielleicht weiß ich morgen mehr.“

„Am Ende ist die undichte Stelle ganz oben“, vermutet Ella Rok und beißt herzhaft in ihr Kuchenstück.

„Durchaus möglich“, stimmt ihr Zwiebel zu. „Das kennt man ja aus dem Kino.“

Und wie im Kino ist dann auch, was am nächsten Tag passiert. Überraschend ist einer der im *Aladin* gefassten Dealer zur Mitarbeit bereit, wenn er mildernde Umstände bekommt und nach der Untersuchungshaft in seine südamerikanische Heimat zurückreisen kann.

Von ihm erfährt Kugelblitz, dass es tatsächlich einen Verräter bei der Polizei gibt. Er warnt die Rauschgifthändler immer rechtzeitig, wenn eine größere Razzia geplant ist. Der Dealer zeigt Kugelblitz als Beweis den Ausdruck einer E-Mail mit einer verschlüsselten Warnung:

„Das sieht tatsächlich nach einer verschlüsselten Warnung aus!“, murmelt Kugelblitz und ruft nach Polizeiobermeister Pommes. Er beauftragt ihn, der Sache nachzugehen.

Pommes findet heraus, dass am 13. Juni eine ziemlich erfolglose Razzia in der Disko *Shangrila* durchgeführt wurde, deren Besitzer Olli Müller heißt.

„Alles klar“, brummt Kugelblitz und zeichnet nachdenklich Strichmännchen auf die Schreibunterlage.

„Was ist klar, Chef?“, fragt Pommes verwundert.

„Olli war gewarnt! Die E-Mail beweist, dass wir tatsächlich einen Spion hier bei uns haben. Er benutzt den Codenamen *Koralle* und hat unseren Razzia-Termin verraten. Es ist jetzt absolut wichtig, dass Sie mit keinem Ihrer Kollegen darüber reden, Pommes! Verstanden? Nicht einmal mit Zwiebel!“

„Ist klar, Chef!“ Pommes fühlt sich geschmeichelt, dass ausgerechnet er derjenige ist, der dieses Geheimnis mit seinem Chef teilt.

Die Sitzung im Polizeipräsidium wird zum Sturm im Wasserglas. Der Polizeipräsident Björn Schieber zeigt auf die Schlagzeile der Abendzeitung:

Drogenskandal!
Polizei hat wieder versagt!

„Wie lange müssen wir uns das noch gefallen lassen?“, brüllt der Präsident. „Die Presse macht uns zum Prügelknaben. Immer sind wir schuld! Wir müssen dringend etwas tun. Wer hat Vorschläge?“

Kugelblitz berichtet von *Koralle* und sagt dann ernst: „Wenn der Verräter unter uns ist, liebe Kolleginnen und Kollegen, dann müssen wir der Sache schnellstens auf den Grund kommen.“ Er sieht sich prüfend um.

„Einer von uns? Unerhört!“, murmeln die Kollegen von der Fahndung. Sie sind alle erprobte und erfahrene Kriminalisten.

Kugelblitz zeigt ihnen die E-Mail, mit der die Razzia verraten wurde.

„Wenn solche Warnungen verschickt werden, erklärt das, weshalb alle Maßnahmen gegen die Drogenszene in letzter Zeit erfolglos waren“, schimpft der Präsident außer sich. „Ich rechne auf Ihre Mitarbeit, meine Damen und Herren!“

Da klingelt das Telefon.

„Ich wollte doch nicht gestört werden“, knurrt der Präsident. Seine Stimmung wird noch schlechter, als er hören muss, dass nicht er, sondern Kugelblitz am Telefon verlangt wird.

„Eine Nachricht, die Sie sicher interessieren wird“, berichtet Kugelblitz, nachdem er den Hörer aufgelegt hat. „Heute Nacht läuft ein Schiff aus Kolumbien in den Hafen ein. Es hat Kaffee geladen. Aber in einem der Trinkwassercontainer befindet sich außerdem mindestens eine Tonne Rauschgift!“

„Wenn das stimmt, dann hätten wir endlich mal wieder eine Erfolgsmeldung in der Presse“, brummt der Präsident.

„Der Tipp ist absolut zuverlässig. Mein Informant ist Kommissar Caramba aus Kolumbien. Er weiß es von dem kolumbianischen Bootsmann, der den Tank zugeschweißt hat“, beruhigt ihn Kugelblitz.

„Worauf warten wir dann noch? Machen wir schnellstens die Einsatzplanung für die Aktion Wassertank“, befiehlt der Präsident. „Diesmal schnappen wir die Burschen!“

„Falls uns *Koralle* nicht wieder einen Strich durch die Rechnung macht!“, warnt Kugelblitz. „Wir müssen mit allem rechnen!“

Die Aktion Wassertank wird leider nur zu einem Teilerfolg. Zwar entdeckt die Polizei schließlich tatsächlich das angekündigte Rauschgift in einem Wasserbehälter des kolumbianischen Schiffes. Aber es kommt niemand in den Hafen, um die Schmuggelware in Empfang zu nehmen.

„*Koralle* hat sie wieder rechtzeitig gewarnt! Wer ist bloß dieser Verräter?“, grübelt Kugelblitz. Diesmal hat er peinlich genau die Namen aller Leute notiert, die über die gefährliche Ladung des kolumbianischen Schiffes informiert waren. Außer ihm und seinen vier engsten Mitarbeitern *Fritz Pommes, Peter Zwiebel, Sonja Sandmann* und *Ella Rok* waren es *Kommissar Meier, Kommissar Peters, Kommissarin Kaiser, Kommissar Jepsen, Kommissarin Elmers* und *Kommissar Burg*. Und der Präsident *Björn Schieber*.

Kugelblitz schreibt die Namen aller Verdächtigen auf einen Zettel.

Er überlegt hin und her. Und dann geht ihm plötzlich ein Licht auf. Dass er da nicht früher draufgekommen ist: Der Deckname *Koralle* ist keineswegs aus der Luft gegriffen. Er ist eine Anspielung auf den Informanten selbst. Ein alter Geheimdienst-Trick!

Frage an alle Detektive, für die auch der Fall *Koralle* kein Riff ist, an dem sie scheitern:

Hinter welchem Namen versteckt sich der Verräter *Koralle*?

5. Fall: Smogalarm

Die Lagerarbeiter Kalle, Ibrahim und Carlo haben beim Entladen eines Kaffee-Schiffes im Hamburger Hafen geholfen. Sie wissen, dass der Kaffee frisch geröstet wurde und weiterverkauft werden soll. Warum sollten sie nicht selbst das Geschäft mit den braunen Bohnen machen?

Die Luft ist kalt und trocken, die Straßen sind mit Schnee und Eis bedeckt. Nach einem Wetterumschwung muss an einem sehr trüben Tag im Januar Smogalarm gegeben werden. Die Leute sollen ihre Autos stehen lassen und alles vermeiden, was die Luft noch stärker verschmutzen kann.

Im Hafengebiet zieht Nebel auf. Die Straßen sind fast menschenleer. Es wirkt alles wie die perfekte Kulisse für einen englischen Kriminalfilm …

Kalle, Ibrahim und Carlo grinsen sich an. Das Wetter passt genau in ihre Pläne! Als sie bei Einbruch der Dunkelheit mit einem Lieferwagen an den Lagerhäusern in der Nähe des Hafens entlangfahren, ist keine Menschenseele zu sehen. Eine graue Katze, die auf Mäusejagd ist, kreuzt ihren Weg. Ein streunender Hund sieht erschrocken in die Scheinwerfer.

Jetzt biegt der Wagen in eine Nebenstraße ein und fährt auf den Parkplatz einer großen Kaffeerösterei.

Mit geschickten Griffen bricht Ibrahim das Kellerfenster auf und dringt in das Haus ein. Im ersten Stock öffnet er ein großes Fenster.

Der Flaschenzug, der über dem Fenster angebracht ist, quietscht etwas, als Ibrahim mehrere Pakete abseilt, die seine Komplizen in den Wagen laden. Es sind so viele Kaffeesäcke, dass gar nicht alles in den kleinen Lieferwagen hineinpasst.

„Mann, das hätten wir uns ja vorher überlegen müssen. Mit einem großen Wagen wäre es viel einfacher gewesen!“, knurrt Ibrahim.

Jetzt muss er mehrmals zwischen dem Lagerhaus und dem Beuteversteck in einer alten Fabrik hin- und herfahren. Zum Glück liegt die Fabrik nur knapp drei Kilometer entfernt.

„So, das wäre geschafft!“, sagt Kalle, als Ibrahim von seiner letzten Fahrt zurückkommt. Erleichtert steigt er ein und schlägt die Wagentür zu.

„Psst! Mach nicht so einen Krach! Nichts wie weg jetzt“, mahnt Carlo.

„Wozu die Eile? Es ist sowieso keiner draußen bei dem Wetter“, meint Kalle zuversichtlich. Dann fahren sie los.

Zehn Minuten später sind sie in Kalles neuer Wohnung in Altona, die nur fünf Kilometer entfernt ist.

Eine langweilige Fernsehsendung ist schuld daran, dass der Nachtwächter der gegenüberliegenden Versicherungsfirma vor dem Bildschirm fest eingeschlafen ist. Plötzlich fährt er hoch. Wurde da nicht drüben auf der anderen Straßenseite eine Autotür zugeklappt? Er läuft hinaus und sieht gerade noch die Schlusslichter eines Lieferwagens.

Er kann das Autokennzeichen erkennen, als der Wagen an der Straßenlaterne vorbeifährt. Eine Hamburger Nummer.

Sicherheitshalber notiert er sie auf seinem Protokollzettel.

Am nächsten Morgen steht ein Polizeiwagen vor der Kaffeerösterei. Der Inhaber hat, als er morgens um sieben

den Einbruch bemerkte, sofort die Polizei verständigt. Kommissar Kugelblitz ermittelt und erfährt, dass über Nacht Röstkaffee im Wert von über 100 000 € verschwunden ist.

„Haben Sie etwas bemerkt?“, erkundigt sich Kugelblitz bei dem Nachtportier der

Versicherungsfirma, der neugierig herauskommt.

„Kann man wohl sagen!“, brummt der Nachtwächter. „Ein blauer Lieferwagen kam vom Parkplatz gegenüber. Die Nummer habe ich aufgeschrieben. Moment mal. Ich hol eben den Zettel.“

„Das haben Sie hervorragend gemacht!“, lobt Kugelblitz den Nachtwächter und notiert das Kennzeichen.

Es ist leicht, den Besitzer des Wagens herauszufinden. Das Auto gehört einer Leihwagenfirma. Sie hat es an einen gewissen Karl Münzer ausgeliehen, der es angeblich für einen Umzug brauchte.

Kalle staunt nicht schlecht, als gegen Abend die Polizei vor seiner Tür steht.

Kommissar Kugelblitz interessiert sich zuerst für den Lieferwagen.

„Ich hab ihn gestern Morgen um 10 Uhr für meinen Umzug ausgeliehen – von Hannover nach Hamburg. Zwei Freunde haben mir dabei geholfen“, sagt Kalle.

„Und wo waren Sie gestern Abend?“, erkundigt sich KK.

„Wir haben hier gestrichen“, behauptet Kalle und deutet auf die frisch gestrichenen Wände. „Meine beiden Freunde können das bezeugen. Aber warum fragen Sie mich das?“

„Weil gestern bei einer Kaffeerösterei eingebrochen worden ist und ein Zeuge den von Ihnen gemieteten Lieferwagen dort gesehen haben will“, erklärt Kugelblitz.

„Dann muss er sich getäuscht haben. Bei dem Nebel ist alles möglich. Wir haben kaum die Hand vor den Augen gesehen, als wir gestern Abend hier die Möbel ausgeladen haben. Fragen Sie meine Freunde dort." Er zeigt auf Carlo und Ibrahim, die am Küchentisch sitzen und Bier trinken.

„Stimmt!", bestätigt Ibrahim. „Außerdem gibt es viele dunkelblaue Lieferwagen. Bei Nacht sehen die alle gleich aus."

„Kann ich mir den Wagen mal genauer ansehen?", erkundigt sich Kugelblitz.

„Gern!", sagt Kalle. „Er steht unten auf dem Parkplatz. Hier ist der Schlüssel. Wir wollten ihn gerade wieder bei der Leihwagenfirma abliefern. Vor 22 Uhr, damit wir nicht nachzahlen müssen."

Kalle geht mit KK zum Parkplatz.

„Günstiger Preis!“, sagt Kugelblitz mit einem Blick auf die Papiere. „Ist es egal, wie weit man mit dem Wagen fährt?“

„100 km sind frei“, sagt Kalle. „Aber da liegen wir locker drunter.“ Dann schließt er die Autotür auf. Er bleibt dabei ganz ruhig. Der Wagen ist tipptopp sauber. Er hat sich selbst überzeugt, dass auch nicht eine Kaffeebohne darin zurückgeblieben ist.

Trotzdem braucht Kugelblitz nur seinen Kopf in den Wagen zu stecken, um sicher zu sein, dass er die Kaffeediebe erwischt hat …

Frage an alle Detektive, die ihre Spürnase auch bei Smogalarm auf die richtige Spur bringt:

Welche beiden Beweise entdeckt Kugelblitz mit seiner Nase und mit seinen Augen? Sie verraten ihm, dass Kalle, Ibrahim und Carlo tatsächlich die Kaffeediebe sind und dass der angebliche Umzug von Hannover nach Hamburg eine faustdicke Lüge ist.

6. Fall: Der Dieb mit den pechschwarzen Haaren

Manchmal sind es bloße Zufälle – wie zum Beispiel nächtliche Kopfschmerzen eines Polizisten –, die ganz unerwartet einen Kriminalfall ans Tageslicht bringen …

Es ist kurz vor Mitternacht. Die Innenstadt ist wie ausgestorben. Nur ein Betrunkener sucht noch seinen Weg zum Taxistand. Da biegen zwei Polizisten bei der Rathaus-Apotheke um die Ecke.

„Nachtdienst, und dann solche Kopfschmerzen!“, klagt Polizeiobermeister Pommes.

„Ein Glück, dass auch die Rathaus-Apotheke Nachtdienst hat, da kriegen wir bestimmt Kopfschmerztabletten!“, tröstet ihn sein Kollege Zwiebel.

Er geht auf die Apotheke zu und drückt auf die Nachtglocke. Einmal, zweimal.

Drinnen brennt Licht. Es kommt aus dem Hinterzimmer. Aber nichts rührt sich. Zwiebel klopft an die Scheibe.

„Mann, hat der einen Schlaf!“, staunt er.

„Mein Kopf!“, jammert Pommes.

„Weißt du was, ich ruf kurz an“, sagt Zwiebel. „Dann muss er ja aufwachen, der Apotheker!“ Er holt sein Handy aus der Gürteltasche.

Auch am Telefon meldet sich niemand.

„Komisch“, grübelt Zwiebel. „Hoffentlich ist nichts passiert.“

„Vielleicht ist er ohnmächtig geworden, ein Herzanfall oder so was. Ist ja schon ziemlich alt, der Apotheker“, befürchtet Pommes.

„Sehen wir nach“, sagt Zwiebel.

Dann gehen die beiden um das Haus herum. Durch die Garageneinfahrt kommen sie in den Hinterhof.

„Mensch, sieh dir das an!“, ruft Zwiebel und bleibt erschrocken stehen. Das Fenster zum Hinterzimmer der Apotheke steht offen. Auf dem Boden liegt ein Fenstergitter.

„Herausgesägt!“, stellt Pommes fachkundig fest.

POLIZEI

Zwiebel klettert als Erster hinein. Drinnen findet er nicht, wie vermutet, den alten Apotheker, sondern eine junge Apothekerin. Von ihrem hübschen Gesicht ist allerdings nicht viel zu sehen. Es ist mit Verbandsstoff und Heftpflaster verkleistert. Sie ist mit Mullbinden an einen Stuhl gefesselt.

„Gott sei Dank!", sagt sie und atmet erleichtert auf, als Zwiebel und Pommes sie befreien. „Lange hätte ich das nicht mehr ausgehalten!"

Und dann erzählt sie, was passiert ist: „Ein Mann und eine junge Frau klingelten an der Vordertür und wollten Medikamente haben. Auf dem Rezept stand auch eine Salbe, die angerührt werden musste. Das dauerte eine ganze Weile.

Als ich in die Kammer zurückkam, bemerkte ich das offene Fenster. Ich wollte es schließen. Da sah ich, dass das Gitter fehlte. In diesem Augenblick überfiel mich ein kräftiger Mann von hinten. Er muss hinter der Tür gestanden haben. Ich bekam einen Schlag auf den Kopf und verlor sofort das Bewusstsein. Als ich wieder aufwachte, war ich gefesselt."

Auch an die Tatzeit kann sich die junge Frau genau erinnern: „Es war gegen 22.30 Uhr. Kurz vorher habe ich nämlich noch mit meinem Verlobten telefoniert."

„Wie gut, dass Sie Kopfschmerzen hatten!", sagt der alte Apotheker zu Pommes, als er wenig später an den

Tatort kommt und die ganze Geschichte erfährt. „Wer weiß, was sonst aus Frau Baldrian geworden wäre!“ Endlich gibt er Pommes eine Kopfschmerztablette.

Er stellt auch sofort fest, was die Einbrecher erbeutet haben: Es fehlen eine ganze Menge Morphium und andere Rauschmittel aus dem „Giftschrank“.

„Nun, dafür kriegt ein Drogenhändler eine ganze Menge Geld!“, brummt Zwiebel. „Wir müssen Kommissar Kugelblitz verständigen. Der bearbeitet im Augenblick eine ganze Serie solcher Einbrüche in Apotheken.“

Eine halbe Stunde später ist Kugelblitz zur Stelle. Er überprüft die Angaben und sagt zum Apotheker: „Der Schrank ist aufgesperrt und nicht aufgebrochen. Wer von Ihren Angestellten hat einen Schlüssel dafür?“

„Alle“, antwortet der Apotheker. Aber dann wehrt er den Verdacht gegen seine Mitarbeiter entsetzt ab: „Für meine Angestellten lege ich die Hand ins Feuer!“

Trotzdem besteht Kugelblitz darauf, die drei Angestellten am nächsten Morgen zu verhören. Außer der jungen Apothekerin sind es noch ein Student und ein Gehilfe. Beide bestreiten energisch, dass sie mit der Sache etwas zu tun haben.

„Trotzdem möchte ich wissen, wo Sie gestern zwischen 22.30 Uhr und Mitternacht gewesen sind“, sagt Kugelblitz freundlich.

„Ich war gestern mit meiner Freundin zusammen und kam erst nach Mitternacht nach Hause“, behauptet der Student und streicht sich nervös über die glatt gekämmten, dunkelblonden Haare.

„Ich war bis elf im Kino und dann hab ich noch mit Freunden zusammen ein Bier getrunken. Da haben wir bestimmt noch bis zwei zusammengesessen“, sagt der Gehilfe mit den krausen blonden Haaren.

„Nun, das müssen wir leider alles überprüfen“, sagt Kugelblitz.

„Aber wenn es meine Kollegen gewesen wären, dann hätte ich sie doch erkannt“, seufzt die junge Frau. „Der

Täter war viel größer. Außerdem hatte er pechschwarze, ungepflegte Haare und trug eine Brille."

„Und Sie irren sich nicht?", fragt KK ernst.

„Bestimmt nicht", sagt die Apothekerin.

„Ich glaube, die hübsche junge Frau hat uns ganz schön beschwindelt", sagt Kugelblitz, als er das Protokoll mit Zwiebel noch einmal durchliest. „Wahrscheinlich hat sie die Hand mit im Spiel!"

Frage an alle Detektive, die sich auch von pechschwarzen Dieben nicht hinters Licht führen lassen:

Weshalb verdächtigt Kugelblitz die Apothekerin?

7. Fall: Das diebische Gespenst

Schloss Wispelbronn liegt verträumt im Herbstwald. Die Nachmittagssonne schickt ihre letzten Strahlen auf das kleine Wasserschloss, das zwischen goldrot schimmernden Ahornbäumen sehr malerisch und kein bisschen unheimlich aussieht. Trotzdem erzählt man sich, dass es von Zeit zu Zeit in der Bibliothek des Schlosses spukt.

Wenige Stunden später ist die Szene völlig verändert. Nebel steigt aus dem feuchten Gehölz und überzieht die Wiese vor dem Schloss mit einem Schleier. Die Fenster der Bibliothek sind hell erleuchtet. Eine Gestalt bewegt sich dahinter. Aber es ist kein Gespenst, sondern der Hausherr. Er ist erst am Vortag von einer langen Studienreise aus China zurückgekehrt und ordnet gerade seine Sammlung wertvoller chinesischer Schriften.

Gegen 23.00 Uhr erhebt er sich und läutet nach der Köchin. Sie soll ihm, wie gewohnt, ein Glas mit warmer Milch ans Bett stellen.

Dann macht er noch einen kleinen Rundgang, sieht überall nach dem Rechten, löscht das Licht und geht zu Bett. Er trinkt seine Milch. Als er sich wohlig unter seiner Bettdecke räkelt, murmelt er: „Wie schön ist es, wieder zu Hause zu sein!"

Der Graf ahnt nicht, dass der tiefe Schlaf, in den er nun fällt, einem Schlafpulver zu verdanken ist, das ihm ein geheimnisvoller Eindringling kurz zuvor ins Glas geschüttet hat.

Dieser tritt nun hinter dem Vorhang hervor, wirft einen zufriedenen Blick auf den Grafen, der regelmäßig atmet, und macht sich dann an die Arbeit.

Die Beute fällt reichlicher aus, als der Dieb erhofft hat. Die Freude macht ihn unvorsichtig. Er stößt mit seinem Gummistiefel gegen eine alte chinesische Vase, die im Treppenhaus steht. Sie zerbricht in tausend Scherben.

Der Mann flucht. Aber er reagiert schnell. Er greift nach einem Tischtuch und wirft es sich über den Kopf. Als die, wie er weiß, abergläubische Köchin unten an der Treppe auftaucht, mimt er perfekt ein heulendes Gespenst.

Die Köchin rennt schreiend davon und schließt sich in ihrem Schlafzimmer ein. Einer Ohnmacht nahe und mit klappernden Zähnen beobachtet sie hinter der Gardine, wie sich das Gespenst aus dem Staub macht. Es huscht durch die Büsche, verschwindet hinter den Ahornbäumen und – steigt in ein Auto. Der Motor heult laut auf.

Ein Gespenst im Auto? Der Köchin kommen Zweifel. Sie rennt zum Schlafzimmer des Grafen, aber dieser ist nicht wach zu bekommen! Da ruft sie die Polizei an.

Der Polizist sagt, dass es ziemlich schwierig sei, mitten in der Nacht jemanden nach Wispelbronn zu schicken.

Aber gleich morgen früh will sich Kommissar Kugelblitz persönlich um die Angelegenheit kümmern. Die Köchin kocht sich eine Kanne Beruhigungstee und legt sich wieder ins Bett.

Am nächsten Morgen ist Kommissar Kugelblitz schon um 9.00 Uhr in der Bibliothek des Schlosses und nimmt die Ermittlungen auf.

Der Graf ist noch ziemlich benommen, schildert aber genau, was in der Nacht passiert ist.

Kugelblitz hört aufmerksam zu und sagt dann nachdenklich: „Soso, Sie vermuten also, dass ein Schlafmittel in Ihrer Milch war. Wer wusste eigentlich, außer der Köchin, dass Sie jeden Abend vor

dem Schlafengehen ein Glas Milch zu trinken pflegen?“

„Nur mein Butler. Aber von dem habe ich mich vor meiner Abreise nach China, nun, sagen wir – getrennt.“

„Waren Sie nicht zufrieden mit ihm?“

„Er war mir zu neugierig“, sagt der Graf.

„Interessant. Ich verstehe nur eines nicht“, überlegt Kugelblitz. „Falls sich Ihr Butler hinter diesem diebischen Gespenst verbarg, weshalb ist er dann nicht während Ihrer Abwesenheit hier eingedrungen?“

„Ganz einfach: weil da alle meine wertvollen Sammlungen im Schließfach der Bank sind. Das mache ich immer so."

„Aha", sagt Kugelblitz. „Dann werden wir uns Ihren ehemaligen Butler mal näher ansehen."

Pommes hat aufmerksam zugehört und die Aussagen des Grafen und auch die der Köchin in sein Protokollheft geschrieben.

Zwiebel findet Lehmabdrücke von Gummistiefeln hinter der Schlafzimmergardine und im Treppenhaus. Sonja Sandmann entdeckt zwischen den Scherben der zerbrochenen Vase ebenfalls Lehmspuren und ein halbes Ahornblatt.

Kugelblitz gelingt es zwei Tage später, den Aufenthaltsort des Butlers herauszufinden. Er arbeitet als Weinkellner in einem Speiselokal in Würzburg.

„Wo soll ich gewesen sein?“, fragt der Butler bei seiner Vernehmung. „In Schloss Wispelbronn? Da bringen mich keine zehn Gäule mehr hin. Dort spukt es nämlich.“

„Ach, Sie wissen es schon?“, erkundigt sich Kugelblitz.

„Was soll ich wissen?“ Der Butler tut erstaunt.

„Dass ein diebischer Geist ins Schloss eingebrochen ist …“

„Nein, woher sollte ich das wissen?“

„Die wertvollen Sammlungen des Grafen sind …“

„Ich weiß. Sicher eine lohnende Beute“, antwortet der Butler. „Aber was hab ich damit zu tun?“

„Nun, gewisse Umstände legen die Vermutung nahe, dass Sie vielleicht doch …“

„Das schlägt doch dem Fass den Kronleuchter ins Gesicht. Ich! Ausgerechnet ich!“, empört sich der Butler.

„Nun, so regen Sie sich doch nicht auf. Vielleicht haben Sie ja für die Tatzeit ein Alibi …“

„Ein bombensicheres Alibi!“, unterbricht der Butler den Kommissar. „Vorgestern war mein freier Abend. Da war ich bis lange nach Mitternacht mit zwei Freunden im *Goldenen Ei* beim Skatspielen. Die können bezeugen, dass ich um Mitternacht sicher kein Geist war!“

„Tut mir leid für Ihre Skatrunde“, sagt der Kommissar. „Sie werden sich für letzten Freitag eine bessere Entschuldigung ausdenken müssen. Ersparen Sie Ihren Freunden einen Meineid. Sie haben sich verplappert. Es besteht dringender Tatverdacht. Wir müssen Ihre Wohnung durchsuchen und außerdem sind Sie vorläufig festgenommen!“

Der Mann wehrt sich. Er streitet alles ab. Aber das nützt nichts, denn Kugelblitz entdeckt bei der Wohnungsdurchsuchung nicht nur die Rollen mit den wertvollen chinesischen Schriften, sondern auch die lehmverschmierten Gummistiefel und ein halbes Blatt, das den Dieb einwandfrei überführt.

Fragen an alle geistreichen Detektive:

Womit hat sich der Butler verplappert?
Und was für ein halbes Blatt verrät, dass der Täter am Tatort war?

8. Fall: Der Spezialist für alles

Richard Riechers hat immer den richtigen Riecher: Er ist ein Mann, der alles kann. Das glaubt er jedenfalls. Aber bei Pirelli, dem ehemaligen Rennfahrer, fällt er auf die Nase …

Pirelli, von Freunden Tütü genannt, hält viel von ökologischem Gartenbau. Jetzt lehnt er gerade am Gartenzaun und knabbert an einem Radieschen. Stolz lässt er den Blick über die Beete streifen, die er ganz ohne Kunstdünger und Pflanzenschutzmittel zum Gedeihen gebracht hat. Sein Salat ist zwar nicht ganz so schön anzusehen wie der von den Nachbarn, aber sicher gesünder.

Er schmeckt allerdings auch den Nacktschnecken. Deshalb verbringt Tütü die Abendstunden meist damit, diese gefräßigen Tierchen einzusammeln.

Tütü ist so in die Schneckenjagd vertieft, dass er nicht bemerkt, wie sich hinter seinem Rücken auf leisen Sohlen ein Mann nähert.

Es ist der Staubsaugervertreter Richard Riechers, genannt „der Kobold“. Er ist einer der Tüchtigsten in seinem Beruf.

Missgünstige Kollegen lästern, dass er es sogar fertigbrächte, einem Wüstenscheich einen Pelzmantel zu verkaufen oder einem Eskimo einen Kühlschrank.

„Guten Tag!“, ruft Richard Riechers. Er wirft einen Blick auf das Namensschild an der Gartentür und wiederholt fröhlich: „Guten Abend, lieber Herr Pirelli.“

Überrascht dreht sich Tütü um.

„Pirelli, Pirelli – sagen Sie mal, gab es nicht mal einen berühmten Rennfahrer dieses Namens?“, erkundigt sich Riechers.

Tütü hütet sich zu verraten, dass er selbst dieser Rennfahrer ist, und zuckt mit den Achseln.

„Sie müssen wissen, mit Autorennen kenne ich mich aus. Ich bin selbst mal heiße Öfen gefahren. Ich war Siebter bei der *Tour de France*!"

„Donnerwetter!", sagt Tütü belustigt. „Möchten Sie auch ein Radieschen?" Er hält ihm den Teller mit den frisch gewaschenen Radieschen hin.

„Oh, gerne. Sie müssen wissen, mit Radieschen kenne ich mich aus. Ich bin selbst Hobbygärtner. Meine Radieschenbäume tragen in diesem Jahr ausgezeichnet. Ich bin noch gar nicht dazu gekommen, alle abzupflücken."

„Sie sind anscheinend Spezialist für alles", sagt Tütü. „Ich würde mich gern weiter mit Ihnen unterhalten. Aber ich muss jetzt meine Beete gießen. Sie sind so trocken, dass es schon staubt, wenn man bloß hinschaut ..."

„Oh, Staub! Staub! Mit Staub, müssen Sie wissen, kenne ich mich aus!“, ruft Richard Riechers, erfreut über das Stichwort.

„Aha“, seufzt Tütü. „Also noch eine Spezialität von Ihnen.“

„Sie sollten mal unser Krümelmonster kennenlernen!“

„Ihr was?“

„So heißt unser neuer Staubsauger. Ein heißes Modell. Der kräftigste Motor auf dem Markt. Der saugt Ihnen nicht nur den Staub vom Sofa, der saugt auch die Raupen vom Salat und die Gänseblümchen vom englischen Rasen …“

„Meine Gänseblümchen möchte ich ganz gern behalten“, sagt Tütü.

Das Telefon klingelt.

„Entschuldigung! Ich muss ans Telefon“, sagt Tütü. „Und was Ihr Krümelmonster betrifft: Ich bin zufrieden mit Schnuffel!“

„Schnuffel?“, wiederholt Richard Riechers und macht ein nicht sehr geistreiches Gesicht.

„Mein Staubsauger! Vorsintflutliches Modell. Langer, kompakter Rüssel. Saugt garantiert keine Gänseblümchen weg!“, ruft Tütü und läuft ins Haus.

„Na endlich. Hat ja lang gedauert!“, sagt Kugelblitz am anderen Ende der Leitung. „Hast dich wohl wieder mit deinen Maulwürfen im Garten unterhalten?“

„So ähnlich“, antwortet Tütü und lacht. „Stell dir vor, da kam gerade ein Staubsaugervertreter, ein wahrer Weltmeister im Flunkern. In zwei Fällen jedenfalls hat er mir faustdicke Lügen aufgetischt …“ Lachend erzählt Tütü seinem Freund Isidor die ganze Geschichte.

Frage an alle Sportfreunde und Gartenfans:

Wodurch hat Richard Riechers verraten, dass er weder Rennfahrer noch Hobbygärtner war oder ist?

9. Fall: Der Sprühteufel

Gleich nach Dienstschluss hat sich Kugelblitz auf den Weg gemacht, um seinen Neffen Martin zu besuchen, der mit seiner Familie in einer Neubausiedlung am Stadtrand wohnt. Kugelblitz hat ein großes Paket unter dem Arm: einen Detektivkoffer für Martin. Der hat nämlich heute Geburtstag. Dann aber kommt mal wieder etwas dazwischen …

Kugelblitz sitzt in der U-Bahn und hängt seinen Gedanken nach. Die Bahnhöfe der Innenstadt huschen wie Schatten vorüber. Als der Zug auf dem nagelneuen U-Bahnhof am Stadtrand ankommt, ist dort alles hell und freundlich.

Die frisch verputzten Wände leuchten sonnengelb.

„Hübsch geworden, sehr hübsch!“, murmelt Kugelblitz.

Die Rolltreppe trägt ihn ans Tageslicht. Dort trifft er auf eine Gruppe von Leuten, die aufgeregt diskutieren.

„Eine Unverschämtheit ist das! Allerhand!“, ruft einer.

„Diese Gauner, diese Ferkel! Der schöne neue Bahnhof!“, schimpft eine Frau.

Jetzt entdeckt Kommissar Kugelblitz auch den Grund der Aufregung: Auf der Wand am U-Bahnhof-Eingang prangt eine hastig hingesprühte Schrift. Rot auf weiß können alle die Meinung des Sprühers klar und deutlich lesen:

ENDORF
Schule ist doof!
schaft die Lehrer ab!

„Das verschandelt unseren ganzen neuen Bahnhof!“, sagt ein älterer Herr empört.

„*Narrenhände beschmieren Tisch und Wände* haben wir früher gesagt“, bemerkt eine Großmutter, die ihr Enkelkind an der Hand führt.

„Ich bin auch nicht besonders gern in die Schule gegangen“, gesteht ein Malerlehrling. „Aber so was an die Wand zu sprühen ist doch Quatsch. Das ändert auch nichts!“

„Wenn ich alles an die Wand sprühen würde, worüber ich mich den ganzen Tag ärgere“, sagt ein Finanzbeamter, „dann wären bald alle Wände voll!“

„Und es kostet einen Haufen Geld, die Schmierereien wieder zu entfernen“, erklärt ein Malermeister. „Das können Sie mir glauben. Ich bin vom Fach."

„Und wer bezahlt das? Natürlich der Steuerzahler!", knurrt der Mann vom Finanzamt.

„Ich denke, das zahlt die Stadt", sagt ein Junge.

„Na, und wovon? Von unseren Steuergeldern – und denen deiner Eltern. Und für wichtige Sachen ist dann kein Geld da. Für die Ampel an der Schule zum Beispiel!", regt sich der Mann auf.

Während die Leute noch diskutieren, entdeckt Kugelblitz seinen Neffen. Martin kommt angeradelt, um seinen Onkel abzuholen.

„Glückwunsch, Martin!", ruft Kugelblitz.

„Tag, Onkel Isidor! Was ist denn hier los?“, fragt Martin neugierig und steigt vom Rad.

„Die Schrift an der Wand!“, sagt Kugelblitz und deutet auf die Parolen.

„Hier hat der Sprühteufel also auch zugeschlagen“, sagt Martin.

„So, wo denn noch?“, will Kugelblitz wissen.

„Na, drüben in der Schule! Im Pausenhof ist seit gestern eine große Schmiererei an der Wand vom neuen Gebäude – auch die Turnhalle ist total verschmiert.

Heute war Schulkonferenz deswegen. Das Schlimme ist, dass die Schrift ausgerechnet auf eine Wand gesprüht worden ist, die wir gerade im Kunstunterricht mit Graffitis verziert hatten. Echt cool sah das aus. Jetzt sagt der Rektor natürlich, wir hätten die Leute damit nur auf dumme Gedanken gebracht."

„Ärgerlich", brummt Kugelblitz. „Sprühen ist eben nicht gleich Sprühen."

Martin nickt. „Unsere schöne Halle! Wenn ich diesen Kerl erwische!"

„Das wird nicht so einfach sein", meint Kugelblitz nachdenklich.

„Ich vermute, dass es einer aus der Elften ist. Einer, der eine richtige Wut im Bauch hat", sagt Martin.

„Wie kommst du darauf?“

„Ich war gestern Nachmittag im Fotokurs. Als ich reinging, war die Wand sauber. Als ich rauskam, entdeckte ich die Schrift. Nur die Elfte und wir waren an diesem Nachmittag in der Schule.“

„Kann es nicht ein Fremder gewesen sein?“

„Der muss beim Hausmeister vorbei, wenn er in den Pausenhof will. Und der hat keinen Fremden gesehen.“

„Und wenn es einer aus deiner Klasse war?“

„Wir waren in der Dunkelkammer. Da fällt es auf, wenn einer rausgeht. Und es ging keiner raus.“

Das leuchtet Kugelblitz ein. Und weil sie gerade an Martins Schule vorbeigehen, lässt er sich die Schrift an der Turnhalle zeigen.

Schaft die Noten ab!
Last uns länger schlafen!

So steht es da rot und deutlich.

Kugelblitz schmunzelt. „Wenn mich nicht alles täuscht, ist es die gleiche Handschrift und die gleiche Sprühfarbe wie am Bahnhof!"

Dann wendet er sich Martin zu und sagt: „Jetzt erst mal genug vom Sprühteufel! Schließlich wollen wir deinen Geburtstag feiern. Deine Mutter wird sich schon wundern, wo wir so lange stecken. Und was den Sprüher angeht, so komme ich morgen kurz in der Schule vorbei. Ich werde ein paar Takte mit dem Deutschlehrer der Elften reden. Ich glaube, er kann mir helfen, den Sprüher zu überführen!“

Kugelblitz behält recht. Er braucht keinen Lügendetektor und kein Verhör. Nur Papier und Bleistift. Damit findet er ziemlich schnell heraus, wer der Sprühteufel ist.

Frage an alle Detektive, die vor Einfällen sprühen:

Wie ermittelt Kugelblitz den Täter?

10. Fall: Blüten, Blüten überall

Die Amseln pfeifen es von den Dächern: Es ist endlich Frühling! Blüten, Blüten überall: Tulpen, Hyazinthen, Narzissen, Forsythien und Mandelbäumchen. Aber etwas blüht im Verborgenen – das heimliche Geschäft von Detlev Lilienborn …

Detlev Lilienborn arbeitet Tag und Nacht im Keller einer ehemaligen Bäckerei. Und es läuft wie das Brezelbacken. Schließlich steht die Urlaubssaison vor der Tür, und da geht seine Ware weg wie heiße Semmeln! Was Detlev Lilienborn fabriziert?

Nun, das ist leicht zu erraten: Blüten, Blüten, Blüten! Und darunter sind die unterschiedlichsten Sorten, die andere als Dollars, Franken, Rubel, Yen oder Euros bezeichnen – so täuschend ähnlich sehen sie den echten Geldscheinen. Kein Wunder, dass Detlev Lilienborns Falschgeld auf dem schwarzen Markt reißenden Absatz findet.

An einem Abend im Mai macht der Falschmünzer Kassensturz und stellt fest, dass er für dieses Jahr genug „gearbeitet“ hat. Jetzt geht es darum, seine Fälscherwerkstatt für eine Weile von der Bildfläche verschwinden zu lassen. Rechtzeitig aufhören und verduften – das ist von jeher das beste Erfolgsrezept für einen Blütenhersteller.

Detlev sieht auf den Abreißkalender an der Wand und grinst. Auch da sind Blüten abgebildet: Maiglöckchen! Und der 19. Mai ist rot angestrichen. Da geht sein Flugzeug nach Hawaii!

Detlev räumt Werkzeuge und Druckplatten weg und versteckt am nächsten Morgen alles in einer alten Scheune auf dem Lande. Auch von den letzten falschen Geldscheinen trennt er sich. Er hat ja genug echte dafür bekommen. Drei Narzissen im Blumentopf – das sind die einzigen Blüten, die noch in der Werkstatt sind. Und auch die sind echt.

Als Lilienborn gegen Mittag die Ladentür abschließt, hält ein dunkelgrüner Wagen vor der Bäckerei.

Ein rundlicher Herr mit Stirnglatze und Seehundbart steigt aus und sagt: „Ah, guten Morgen! Sie sind wohl gerade dabei, Ihr Geschäft zu schließen, Herr Lilienborn?“

Detlev Lilienborn schaltet schnell. „Geschäft schließen? Ganz im Gegenteil. Ich bin gerade dabei, den Laden aufzuschließen! Ich war nämlich für ein paar Monate im Ausland, Herr Kommissar.“

„Was Sie nicht sagen!“, antwortet Kugelblitz. „Aber Sie haben doch nichts dagegen, wenn wir uns Ihr kleines – äh – Geschäftslokal mal ansehen?“

„Aber bitte sehr!“ Detlev Lilienborn öffnet die Tür mit dem reinsten Gewissen der Welt. Schließlich hat er gerade noch rechtzeitig alle Spuren beseitigt und sogar überall die Fingerabdrücke abgewischt!

Kugelblitz betritt die alte Bäckerei, in der nur Gerümpel herumsteht.

„Sie müssen entschuldigen. Seit mein Onkel, der Bäckermeister, vor einem halben Jahr verstorben ist, hat niemand mehr diese Bruchbude betreten. Deshalb sieht es hier so aus. Und ich konnte mich auch nicht darum kümmern.“

„Ja, Sie waren im Ausland ...“, seufzt Kugelblitz. Dann entdeckt er die Kellertür.

„Ein leerer Kellerraum, nichts weiter“, versichert Lilienborn und schließt bereitwillig die Tür auf.

Nichts deutet mehr darauf hin, dass sich hier noch vor Kurzem die Geldbündel auf den Regalen gestapelt haben.

„Keine Spur von einer Spur“, murmelt Kugelblitz und fährt gedankenverloren mit dem Zeigefinger auf der Regalkante entlang. Nicht einmal Staub findet er. Nichts.

„Und es hat außer Ihnen niemand den Schlüssel zu diesen Räumen?“, erkundigt sich Kugelblitz.

„Aber nein! Wenn ich es Ihnen doch sage. Es ist sogar ein Sicherheitsschloss“, versichert Lilienborn und zeigt dem Kommissar den Schlüssel.

„Dann, lieber Herr Lilienborn, müssen wir uns leider doch ausführlicher miteinander unterhalten. Kommen Sie bitte mit aufs Revier!“

Frage an alle Detektive, die auch im fahlen Kellerlicht alle Spuren aufspüren:

Welche drei Beobachtungen beweisen Kommissar Kugelblitz, dass Lilienborn den Keller in letzter Zeit benutzt hat?

11. Fall: Das halbe Klavier

Ganz in der Nähe von Martins Schule liegt ein beliebtes Naturschutzgebiet. In letzter Zeit kommt es immer öfter vor, dass Leute am Waldrand ihren Sperrmüll abladen.

Martin ist empört, als er beim Osterausflug mit seinem Onkel Isidor Kugelblitz zwischen den Haselsträuchern statt Osternestern eine alte Badewanne und einen kaputten Kühlschrank entdeckt …

„Kann die Polizei diese Umwelt-Ferkel nicht finden und bestrafen?“, fragt Martin empört seinen Onkel.

„Leider haben wir bei der Polizei nicht ausreichend Leute dafür“, antwortet

Kugelblitz. „Aber vielleicht kannst du mit deinen Freunden die Augen offen halten. Ihr seid doch viel draußen unterwegs. Wir sind für jeden Hinweis dankbar."

Martin und sein Freund Stefan beobachten von da an die Straße zum Wald genau. Die Leute, die tagsüber kommen, stellen ihr Auto immer ordnungsgemäß auf dem großen Waldparkplatz ab und gehen zu Fuß in das Wandergebiet.

Die Umweltsünder kommen vermutlich nachts. Um das zu beweisen, streuen die beiden am Abend eine Sägemehlspur über den Waldweg.

Eines Morgens, als eine frische Reifenspur hindurchführt, liegt auch wieder Müll am Waldrand.

„Wenn wir sie erwischen wollen, müssen wir Nachtwache schieben!“, sagt Martin schließlich.

„Am besten ist es, wenn du ein paar Nächte bei uns schläfst“, schlägt Stefan vor. Er wohnt im letzten Haus vor dem Wald.

Stefans Eltern haben nichts dagegen und so lauern die beiden Freunde auf die „Müll-Autos“. Der größte Helfer der Detektive ist Bobby, Stefans Hund. Er bellt nämlich bei jedem Auto, das nachts vorbeifährt.

Zweimal werden die Jungen in der ersten Nacht von Bobby geweckt. Aber es ist kein Müll im Wald. Die Leute scheinen aus anderen Gründen zum Waldrand gefahren zu sein.

„Es hat doch keinen Sinn!“, meint Stefans Mutter nach drei Tagen. „Ihr schlagt euch nur unnötig die Nacht um die Ohren.“

„Nur noch bis zum Wochenende!“, bittet Martin.

Und dann haben die beiden Detektive Erfolg: Eines Morgens liegen mehrere alte Autoreifen am Waldrand. Dazu ein Federbett, alte Matratzen und ein halbes Klavier!

Martin ruft Kommissar Kugelblitz an und sagt: „Heute Nacht hat wieder einer Müll in den Wald gebracht, Onkel Isidor! Wir haben drei Autos beobachtet: einen Golf, einen Volvo-Kombi und einen Campingbus. Einer der Fahrer muss es gewesen sein. Man sieht die Reifenspuren noch am Waldrand. Die Autonummern haben wir übrigens auch! Wir haben sie aufgeschrieben, als die Autos vom Wald zurückkamen."

„Gute Arbeit!", lobt der Kommissar die Jungen.

Er stellt anhand der Kennzeichen leicht die Autobesitzer fest. Das Verhör leitet er persönlich.

Alle drei Autofahrer geben zu, in der Nacht im Naturschutzgebiet gewesen zu sein. Aber alle drei haben auch einleuchtende Gründe dafür. Der Fahrer des Volvos hat obendrein noch einen Zeugen: „Meine Freundin saß bei mir im Wagen. Nach einem Streit über unsere neue

Wohnung sind wir auf den Waldparkplatz gefahren. Dann haben wir einen Spaziergang gemacht und uns in aller Ruhe über alles ausgesprochen. Schließlich haben wir uns geküsst. Den Sperrmüll haben wir überhaupt nicht gesehen."

Die Freundin bestätigt seine Aussage.

Der Fahrer des Campingbusses ist empört über den Verdacht, ein Umweltsünder zu sein: „Ausgerechnet ich? Ich bin Jäger. Nichts liegt mir ferner, als die Natur zu verschmutzen. Ich bin nur bis zum Waldparkplatz gefahren und dann zu meinem Hochsitz im Wald gelaufen. An der bewussten Stelle bin ich gar nicht vorbeigekommen!"

Jetzt bleibt nur noch ein Verdächtiger. Aber auch der dritte Fahrer protestiert: „Ich bin Schriftsteller. Ich beobachte oft Nachtvögel, weil ich ein Buch darüber schreiben möchte. Den Dreck hab ich allerdings gesehen. Sie finden vielleicht sogar noch Fingerabdrücke an dem halben Klavier. Ich habe versucht, es auf die Seite zu schieben, damit keiner darüberfällt. Aber einer allein schafft das gar nicht. Unmöglich."

„Vielen Dank, meine Herren", sagt Kommissar Kugelblitz. „Ihre Aussagen haben mir sehr geholfen. Sie hören wieder von mir."

Blitzartig ist Kommissar Kugelblitz klar geworden, dass nur einer der Täter sein konnte: der Volvo-Fahrer! Der Mann gesteht allerdings erst, als man in seinem Auto eine Klaviersaite findet und in der Wohnung seiner Freundin die andere Hälfte des zersägten Klaviers.

Die Frage an alle klugen Detektive, die auch bei einem halben Klavier ganz auf Draht sind:

Welche Aussage bringt Kugelblitz auf die Spur des Umwelt-Schmutzfinken – und warum?

Für Lehrkräfte gibt es zu diesem Buch
ausführliches Begleitmaterial beim Hase und Igel Verlag.

Schulausgabe

www.hase-und-igel.de
Lektorat: Patrik Eis
Druck: Grafisches Centrum Cuno GmbH & Co. KG

ISBN 978-3-86760-200-6
10. Auflage 2020